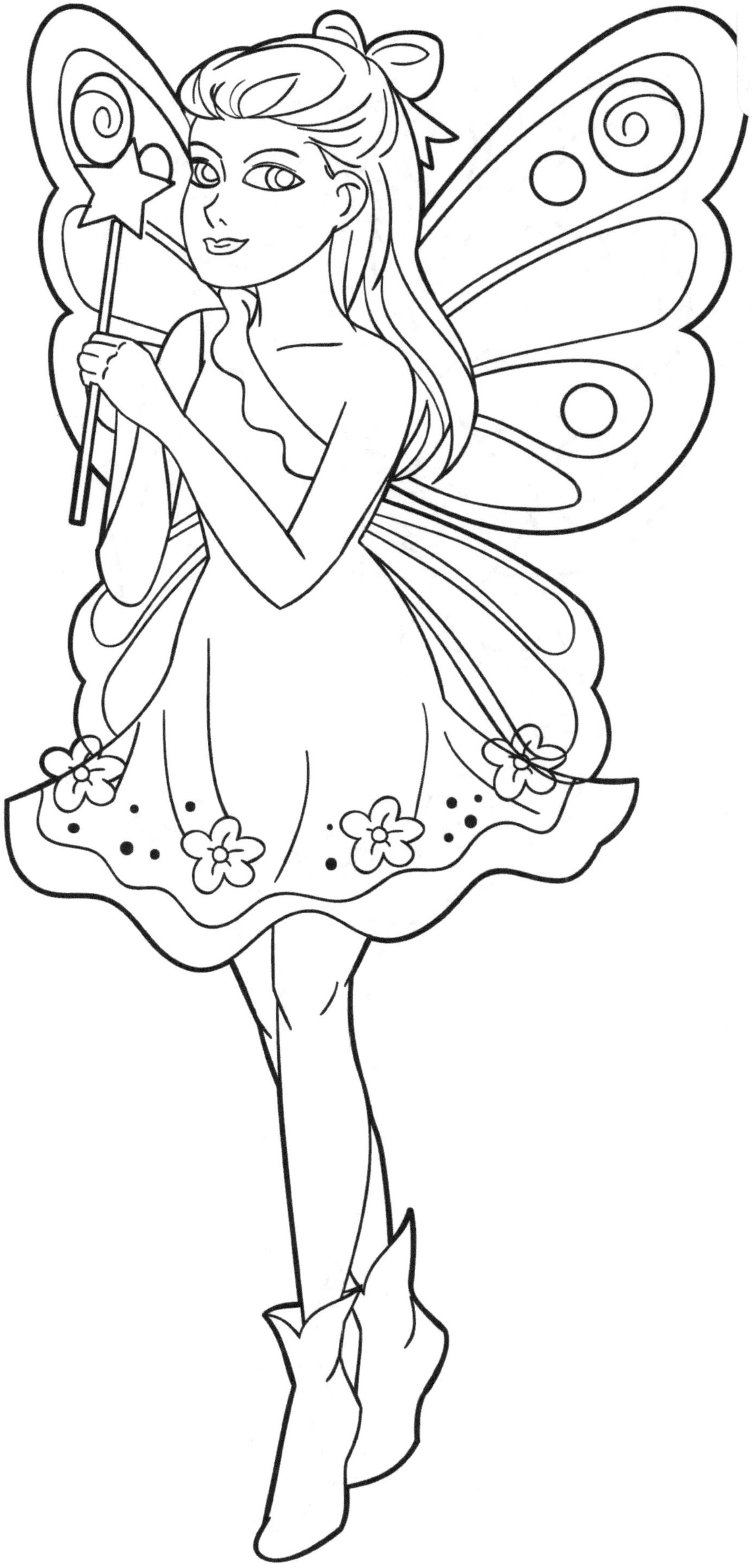

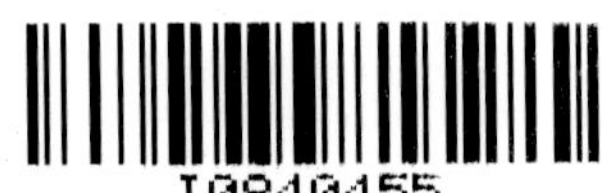
I0840455

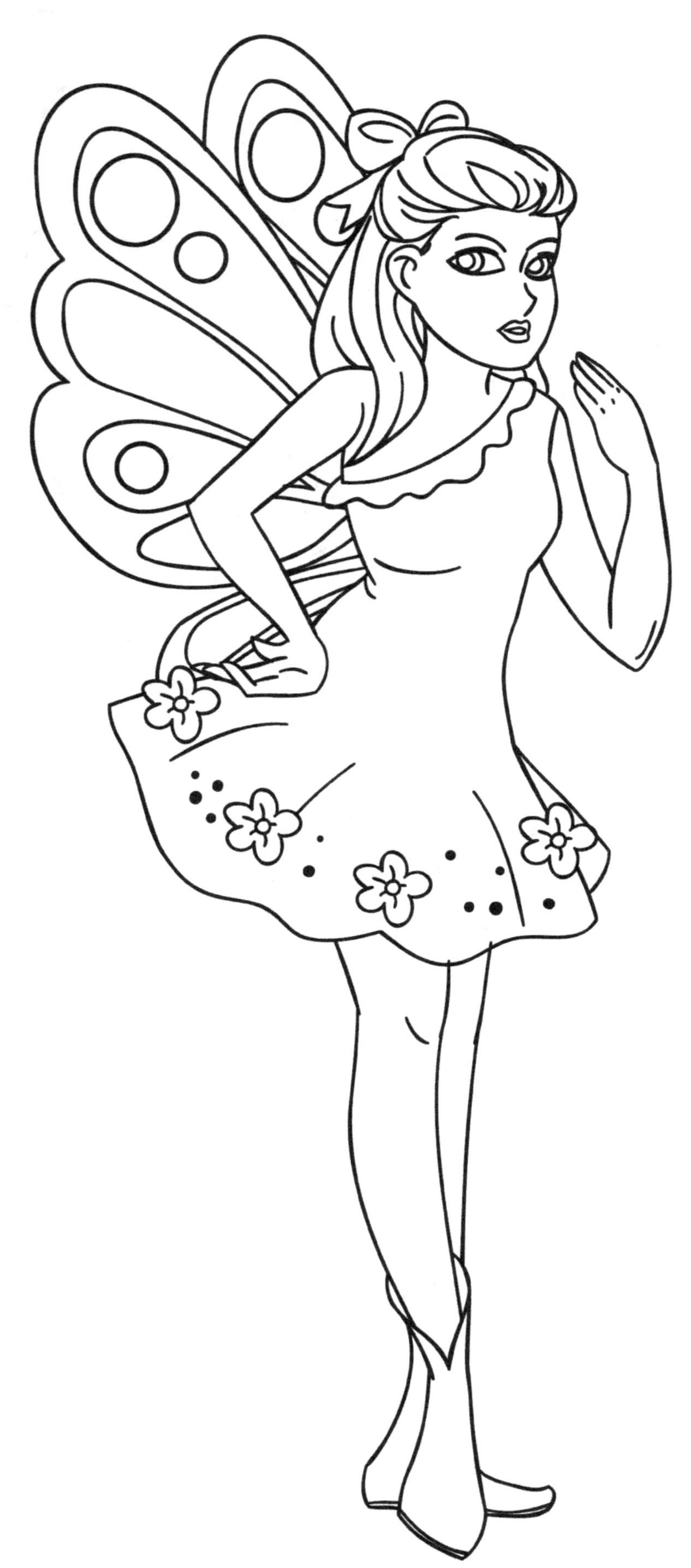

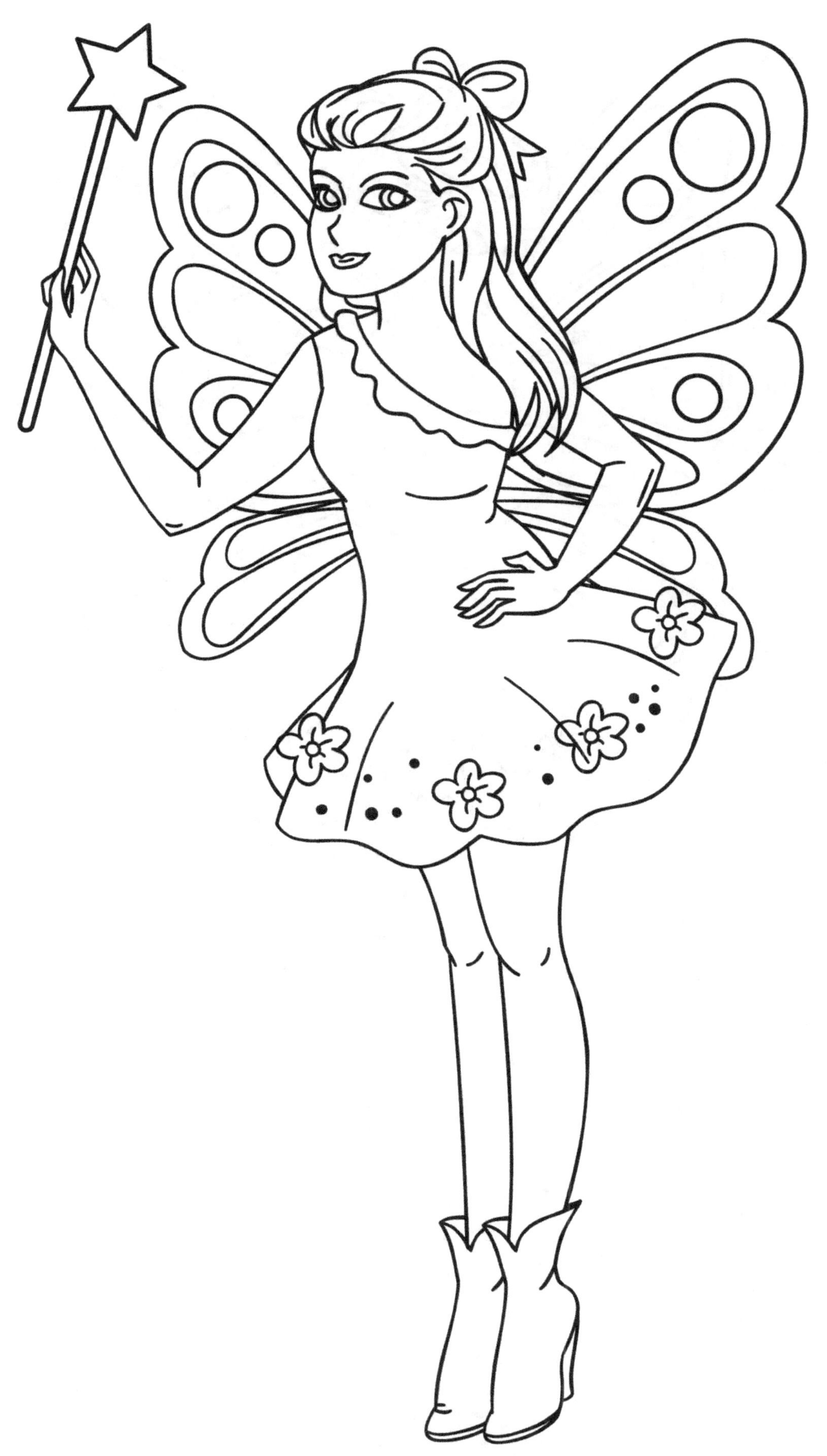

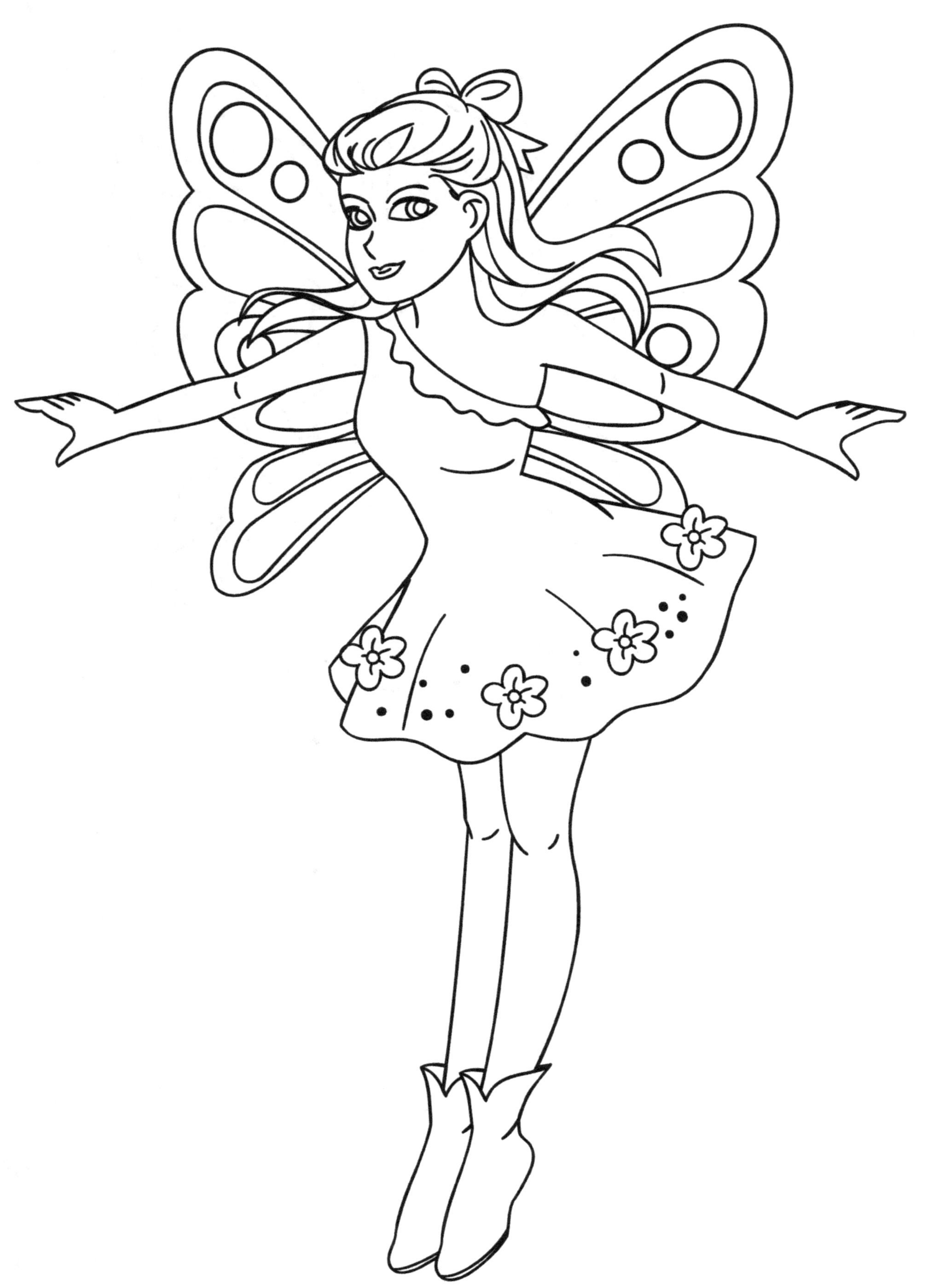

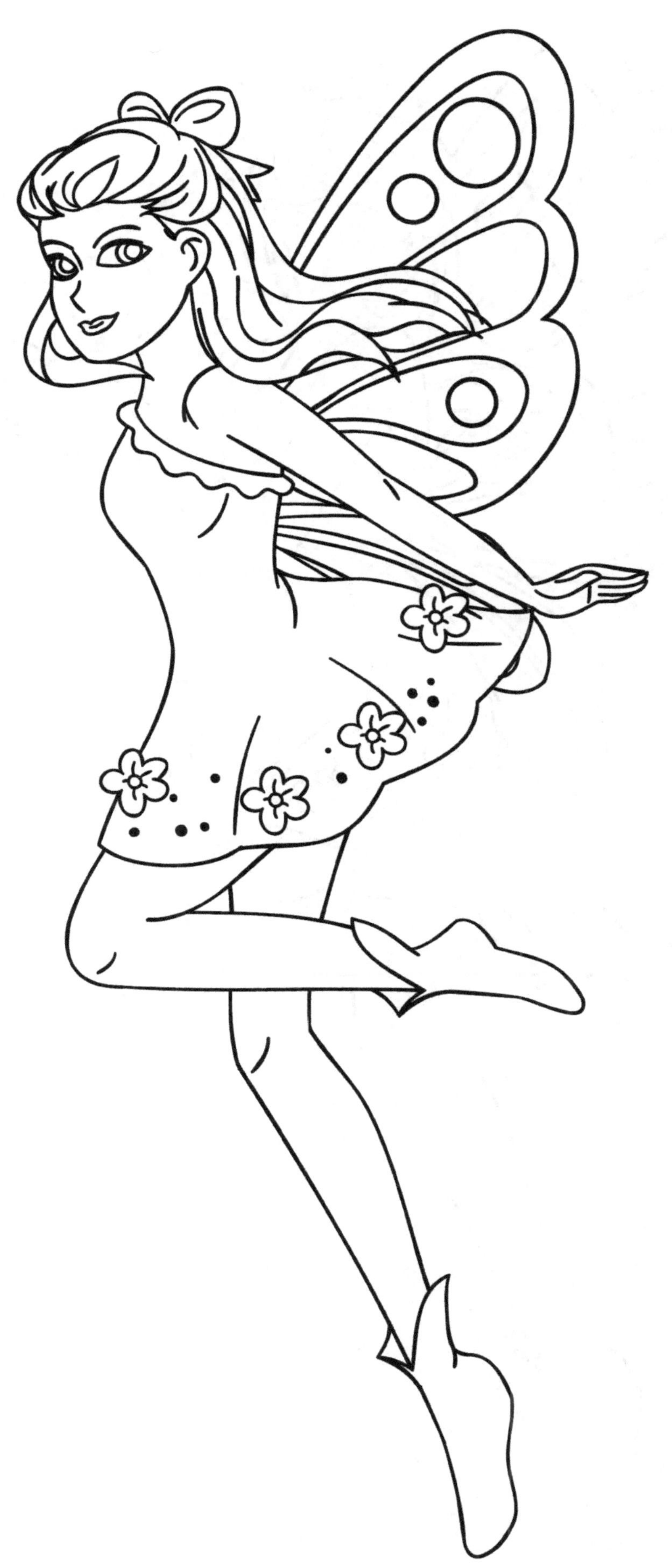

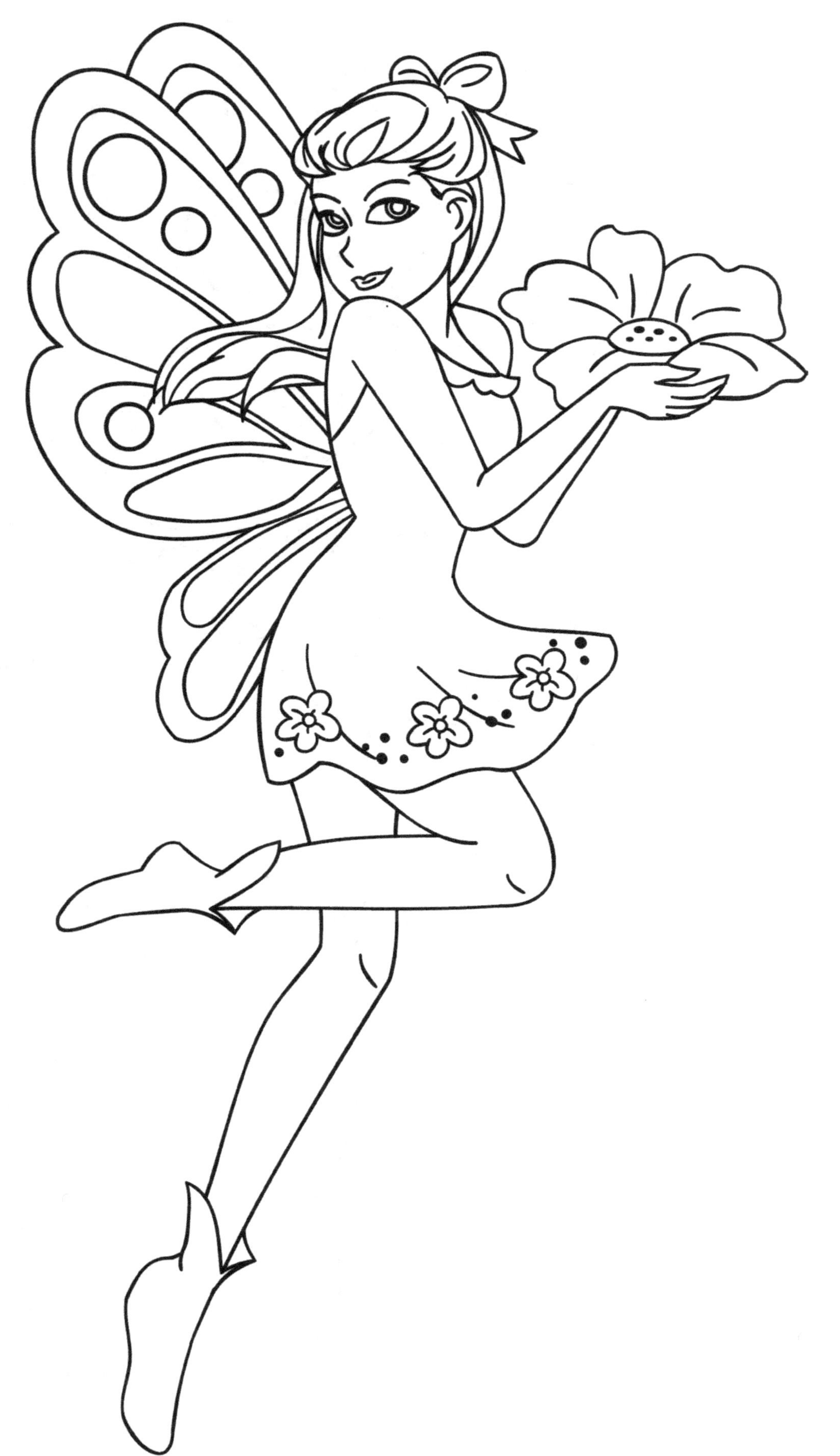

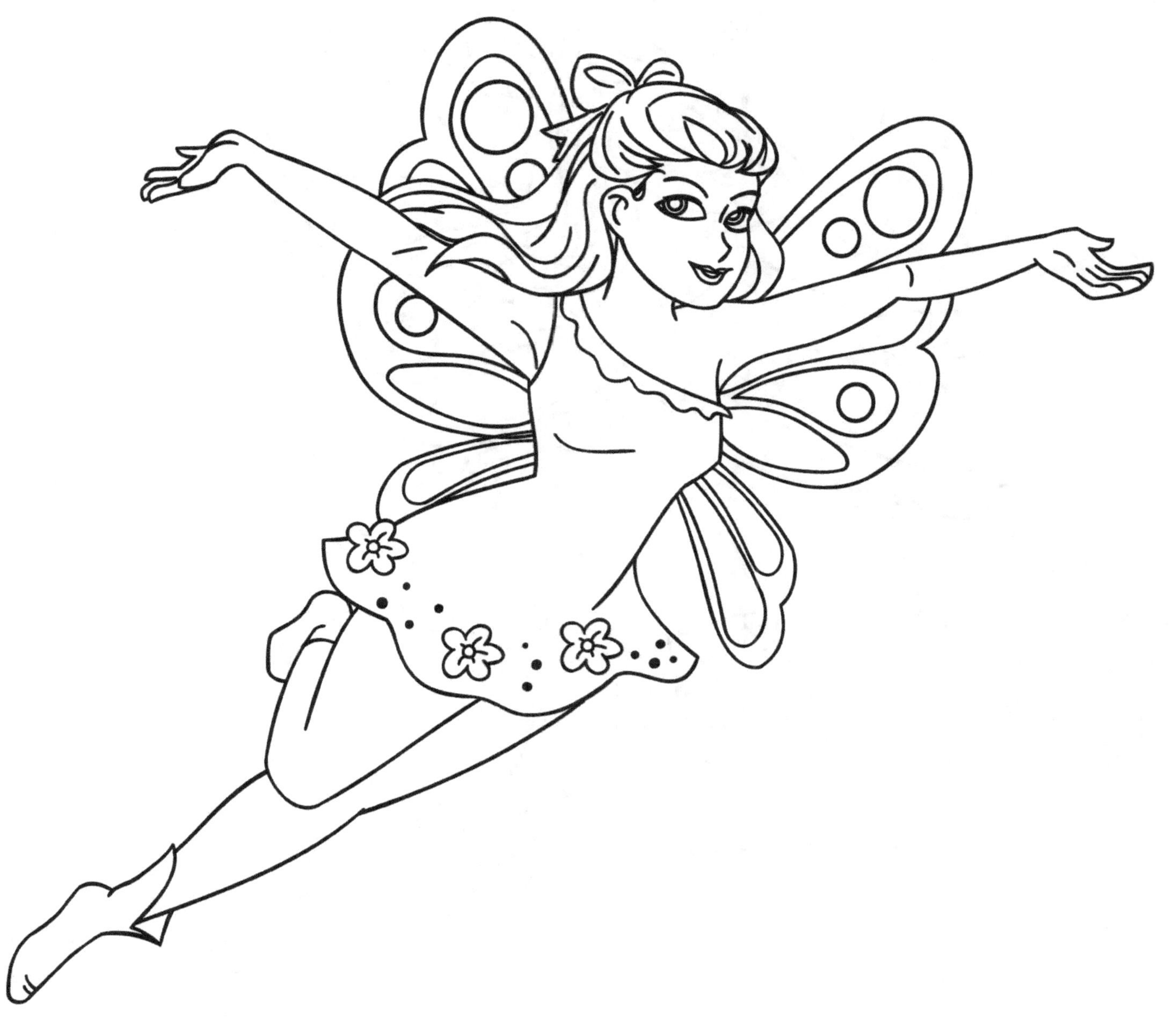

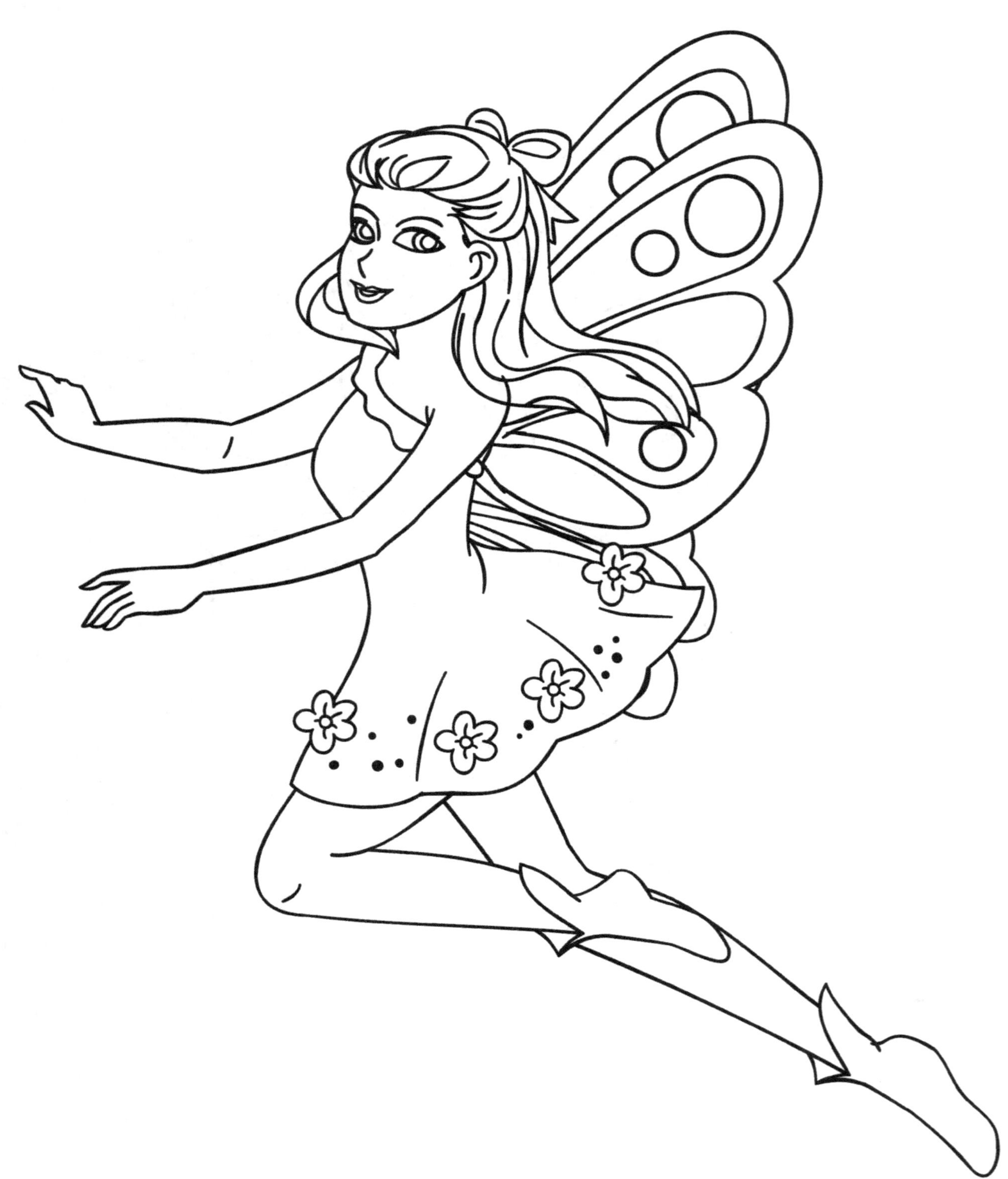

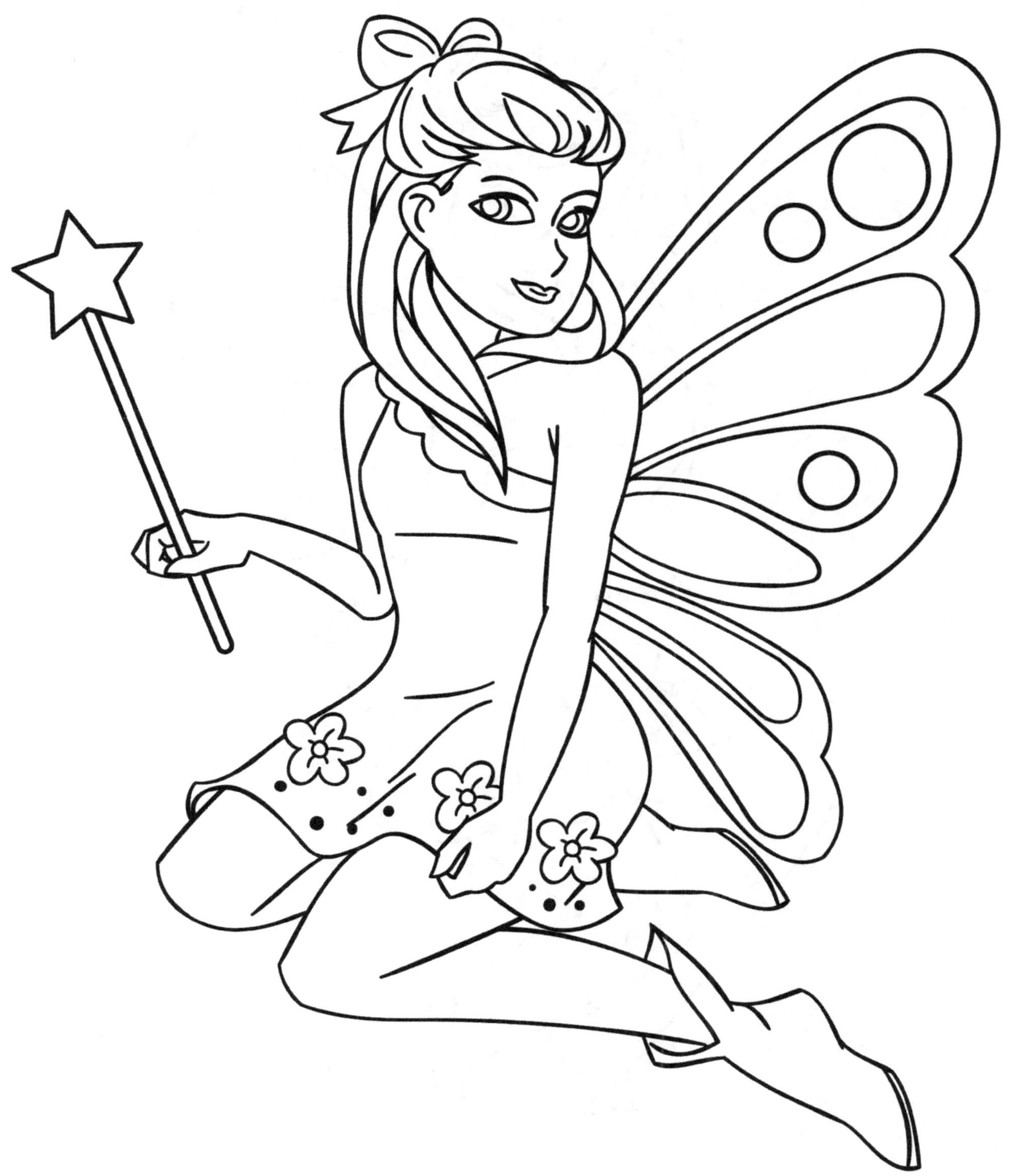

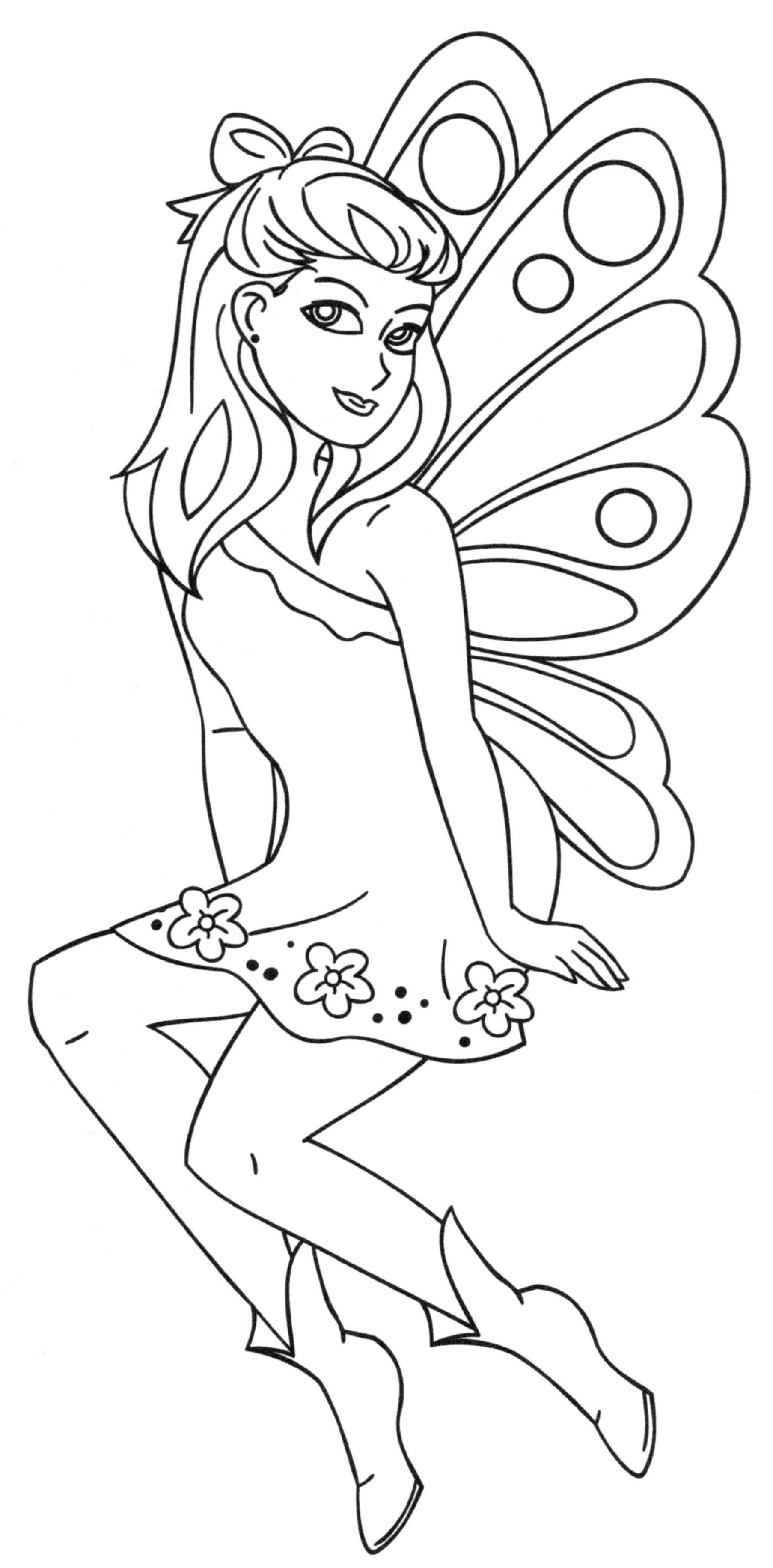

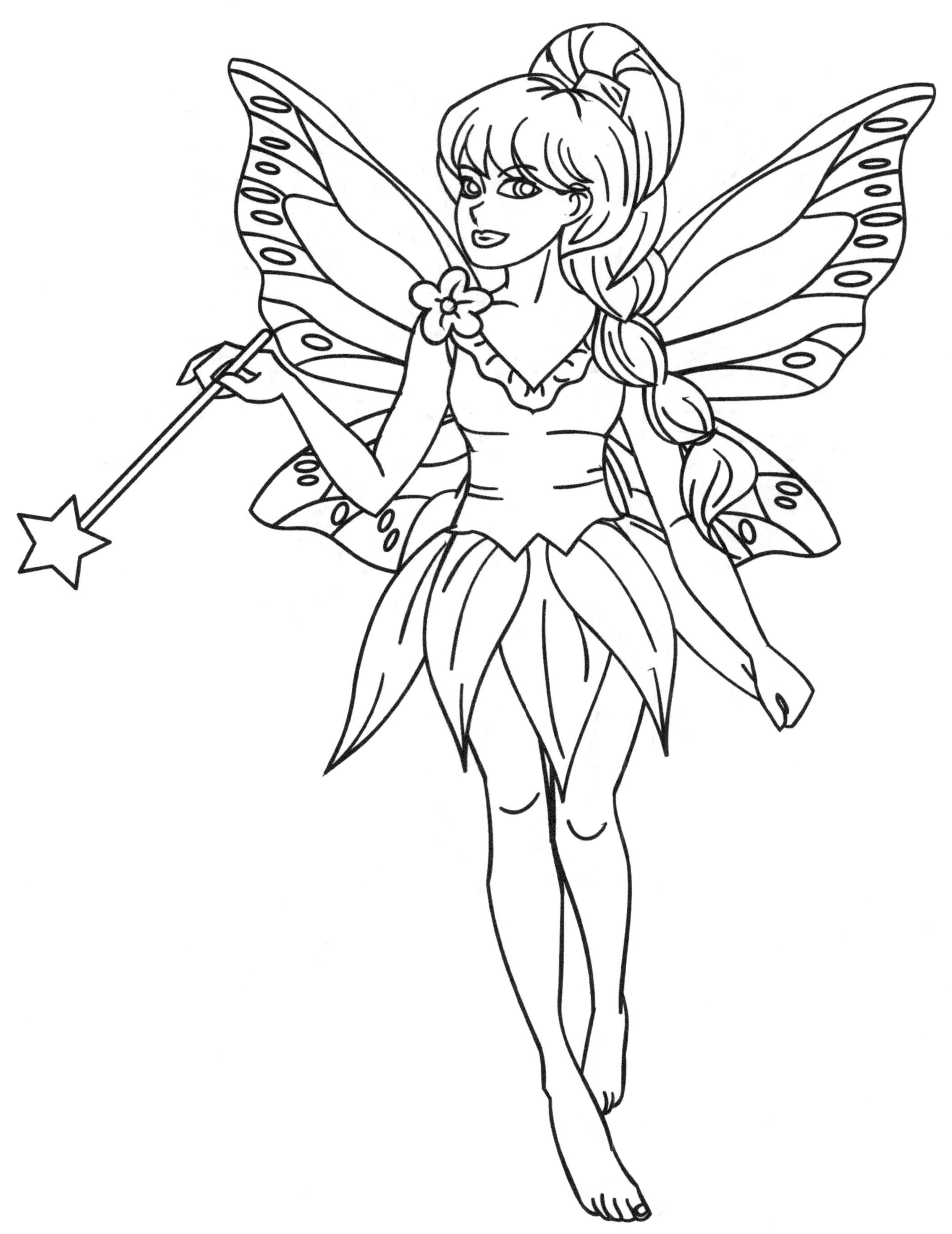

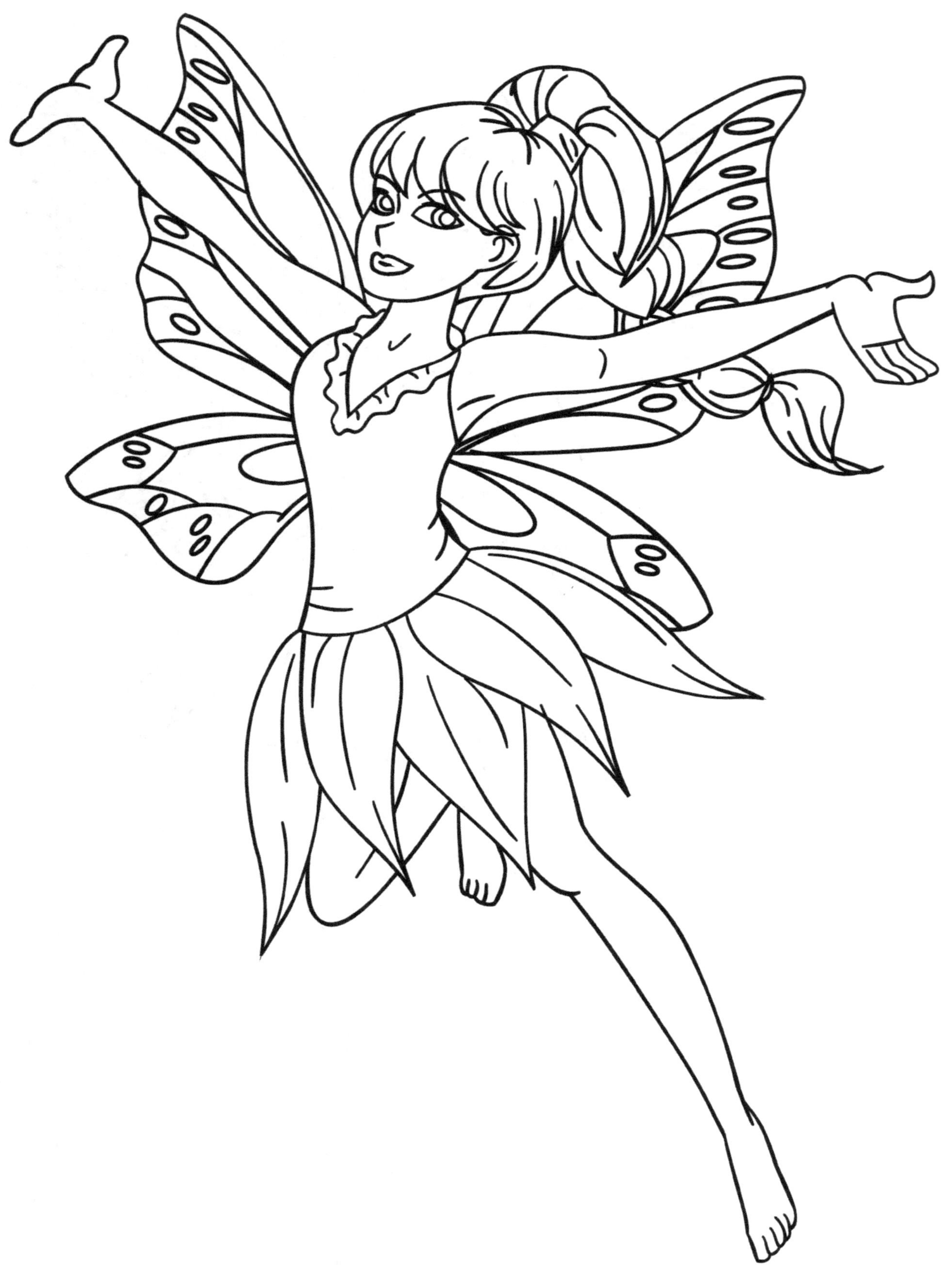

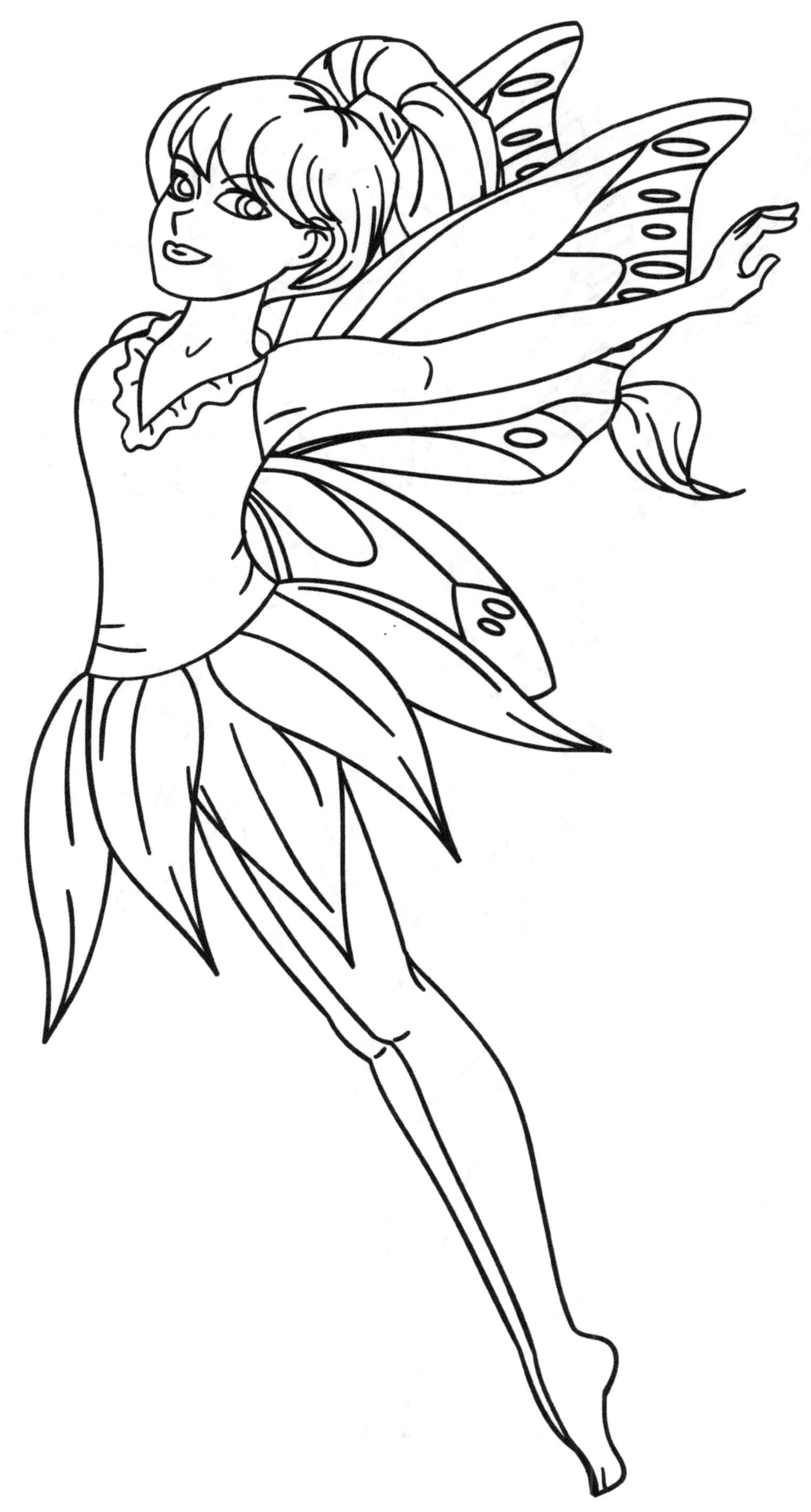

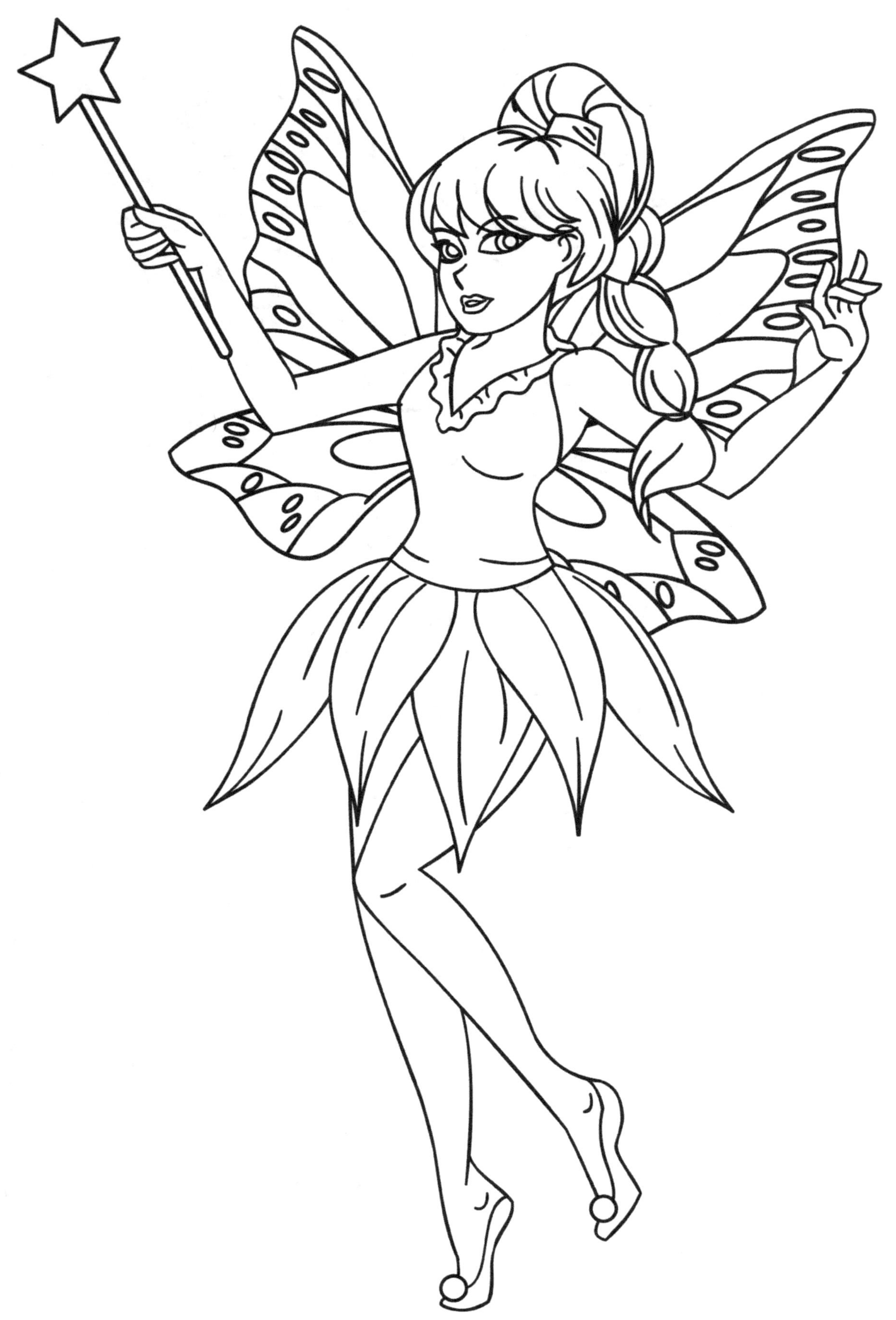

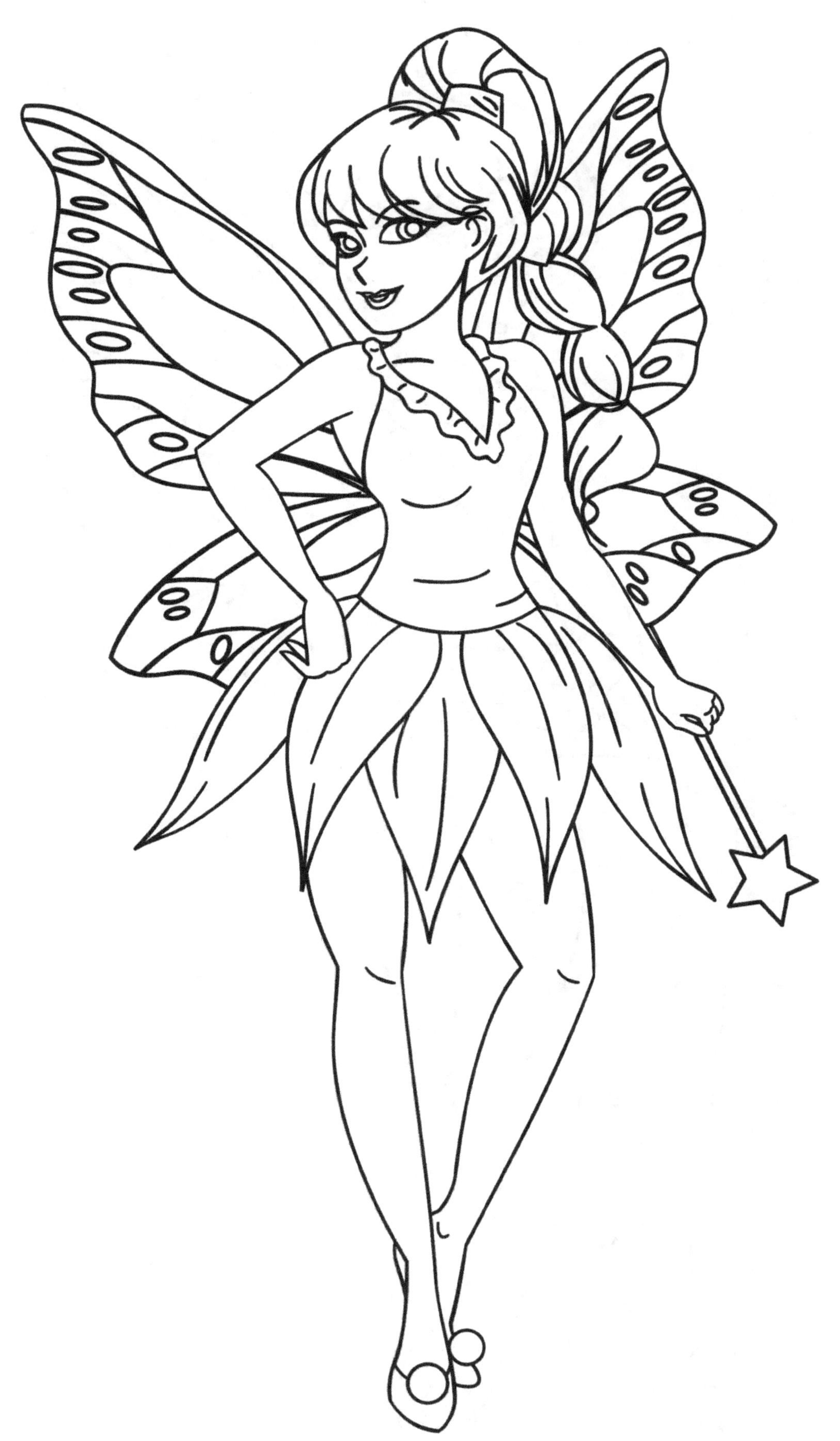

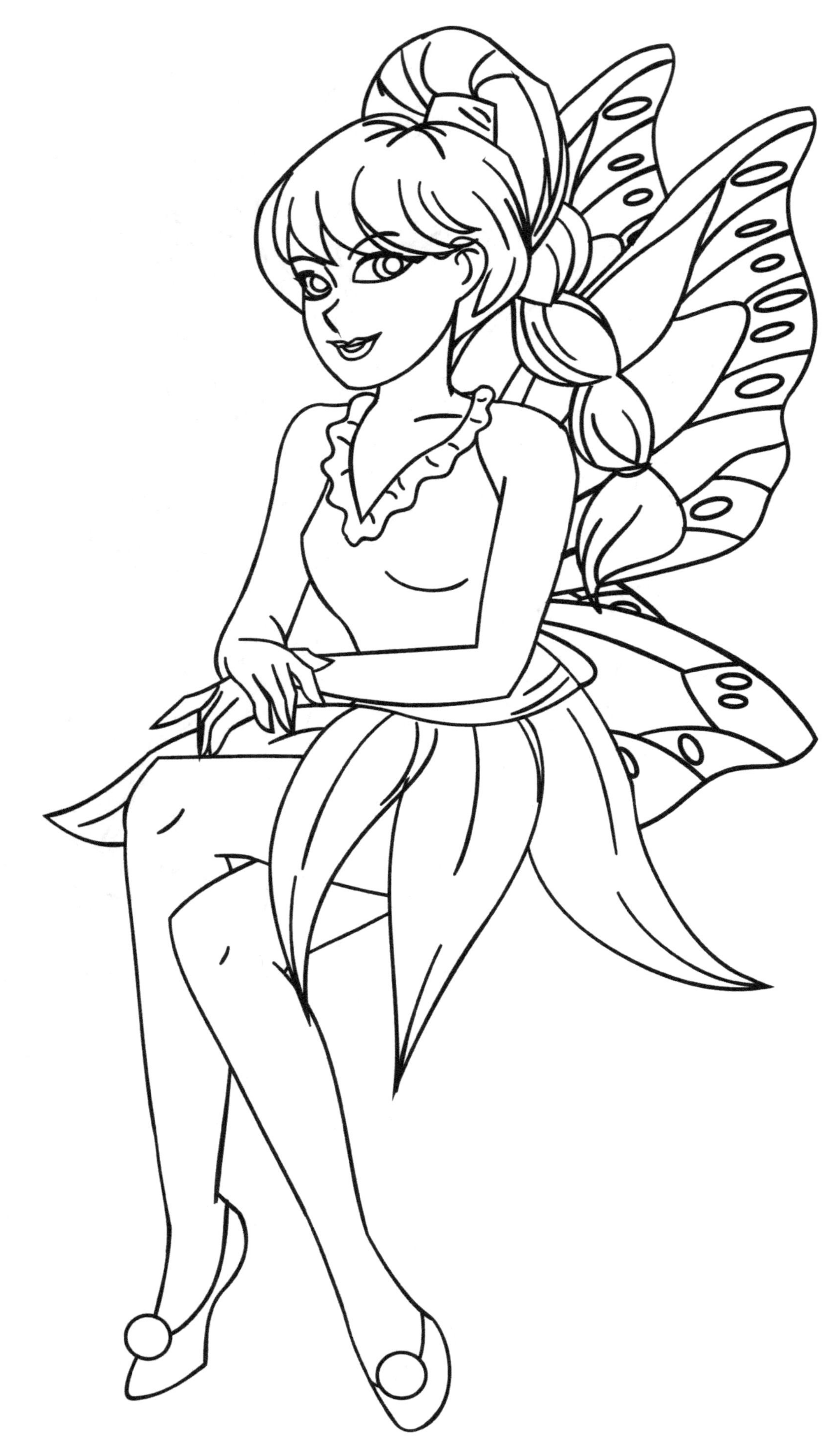

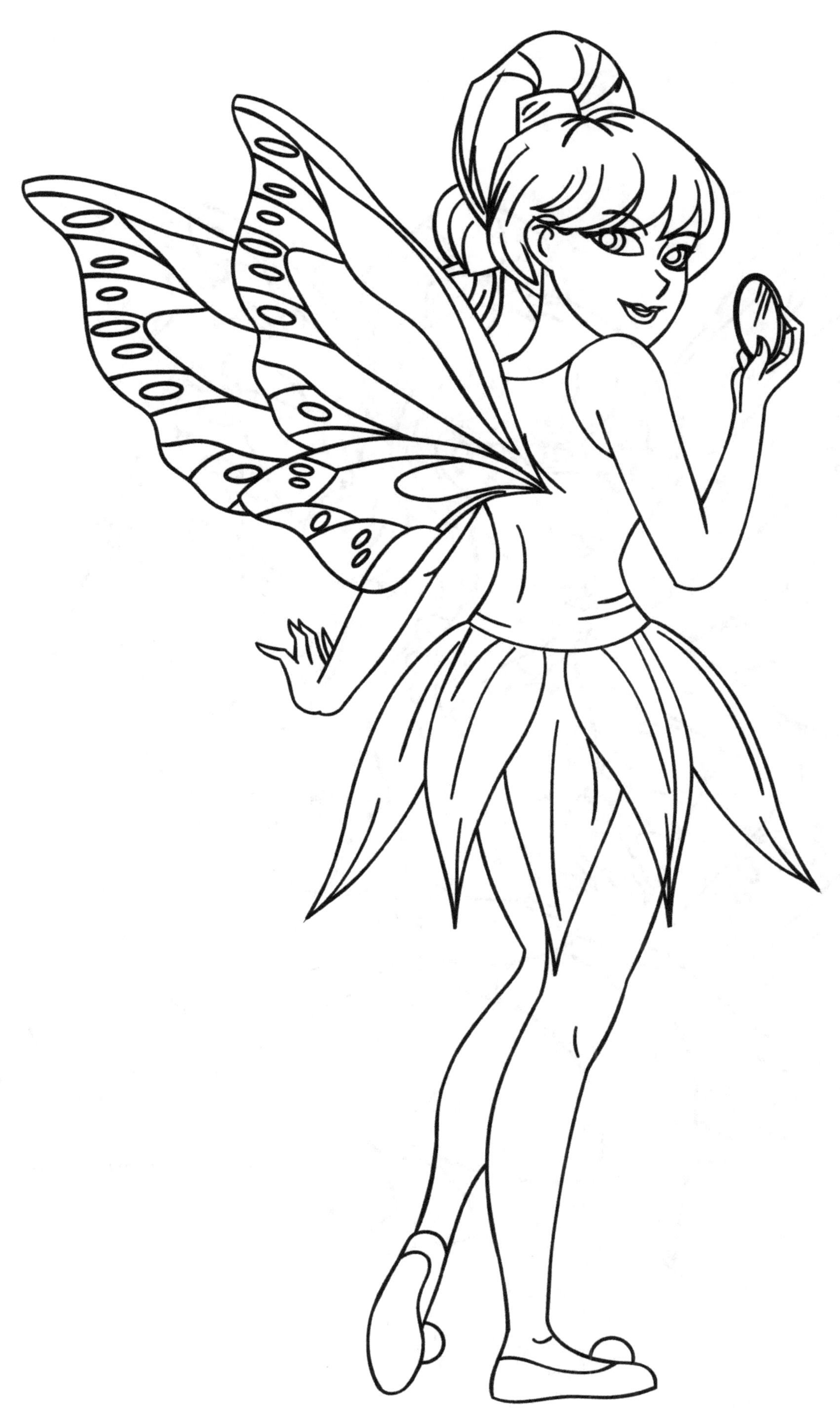

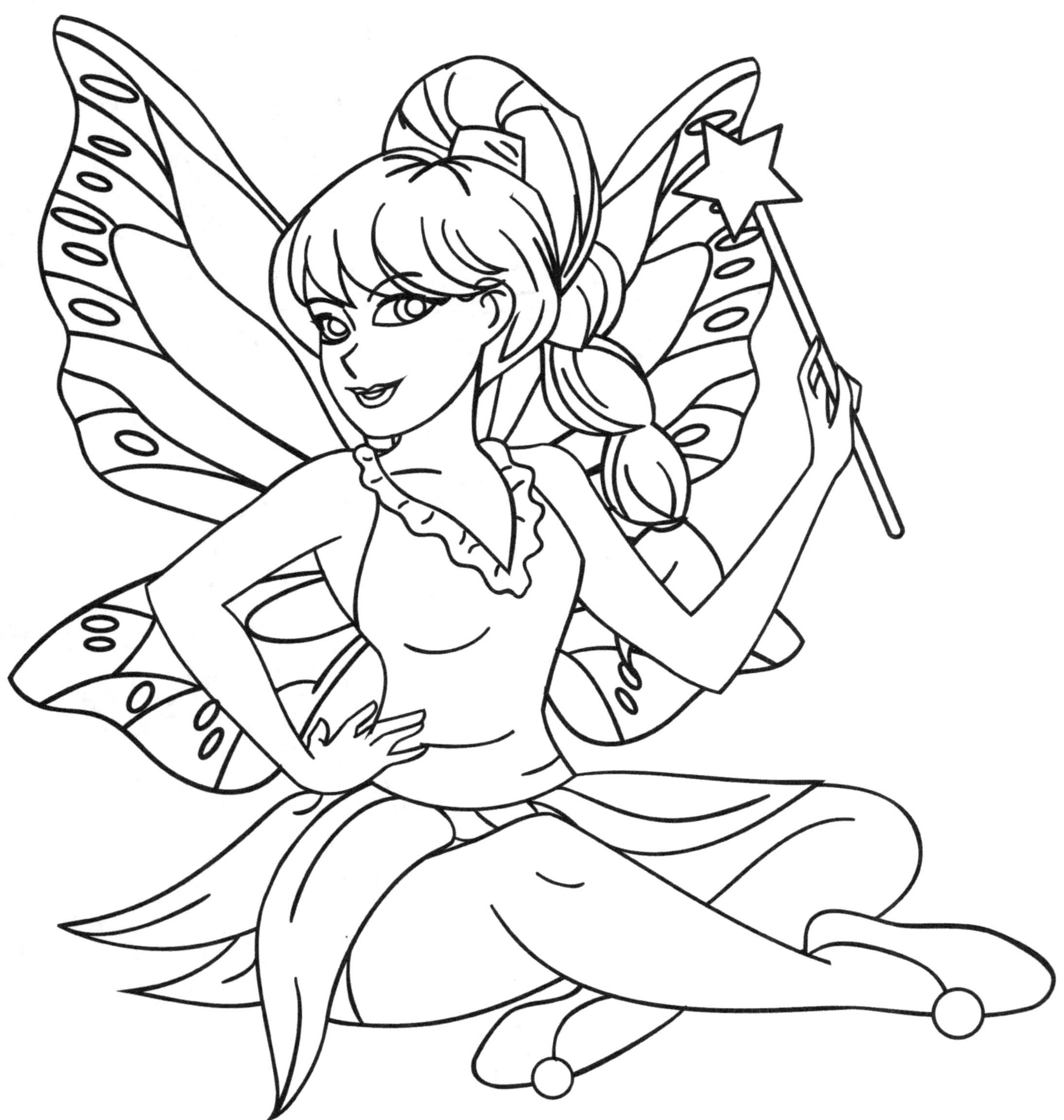

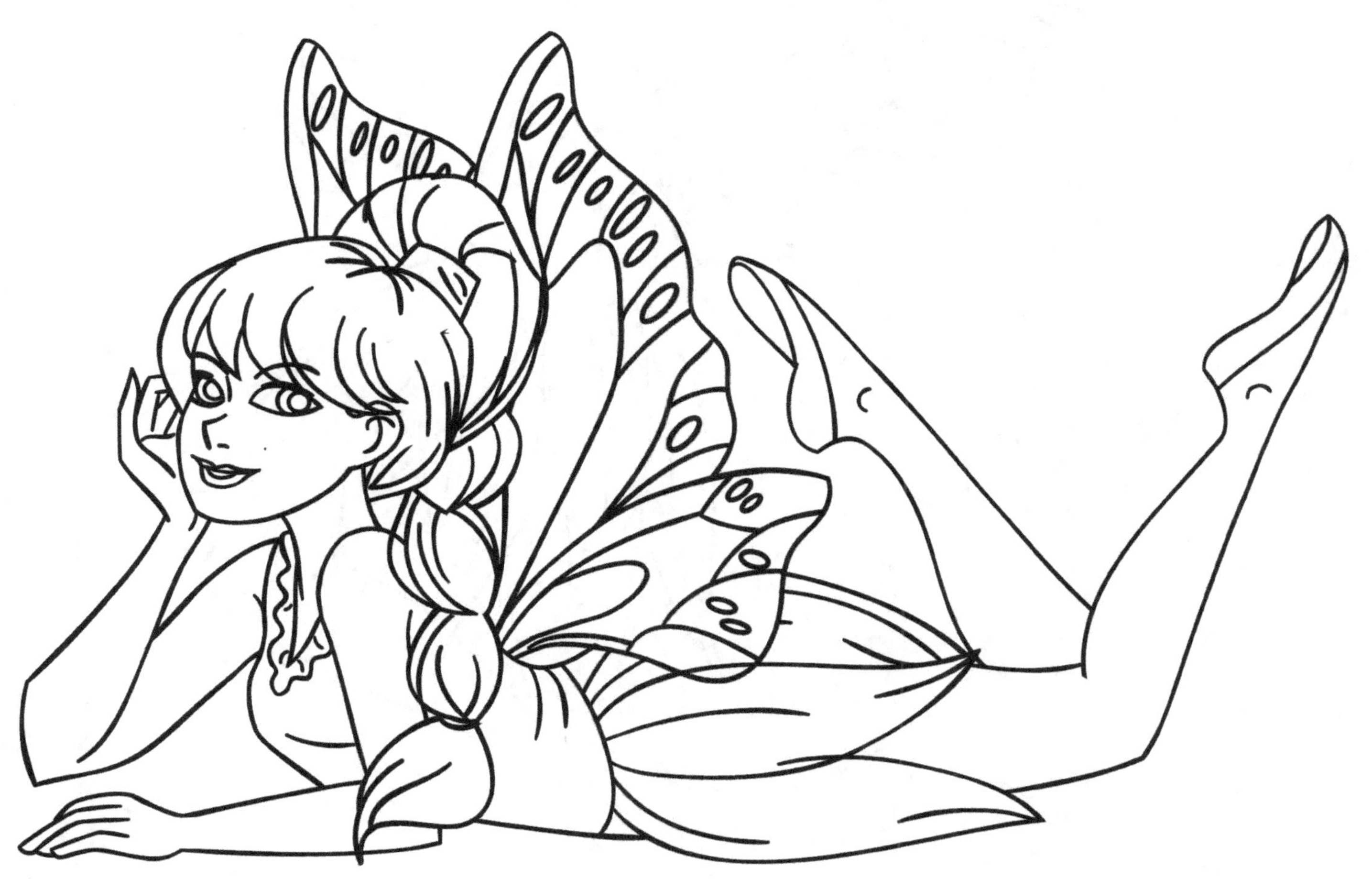

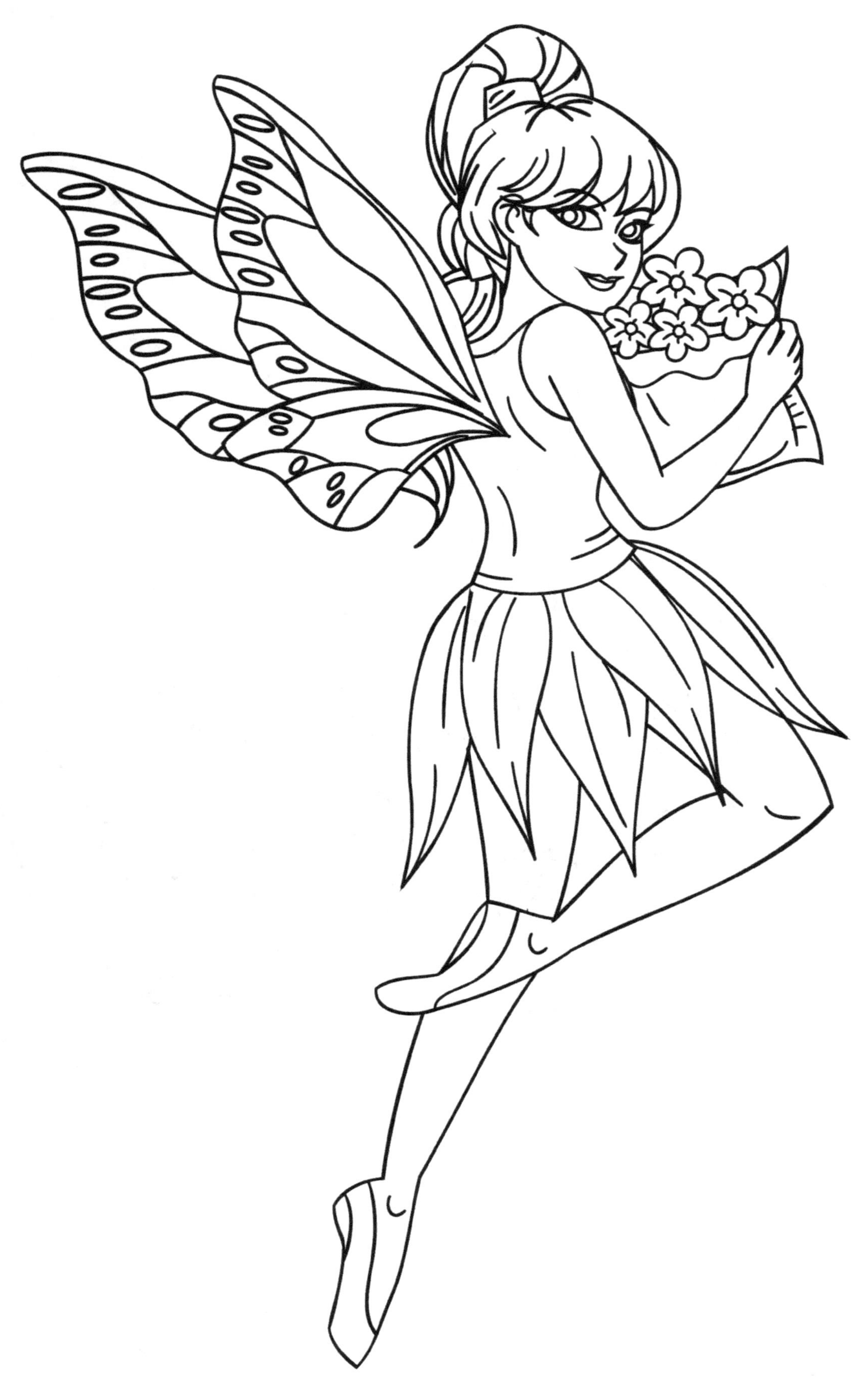

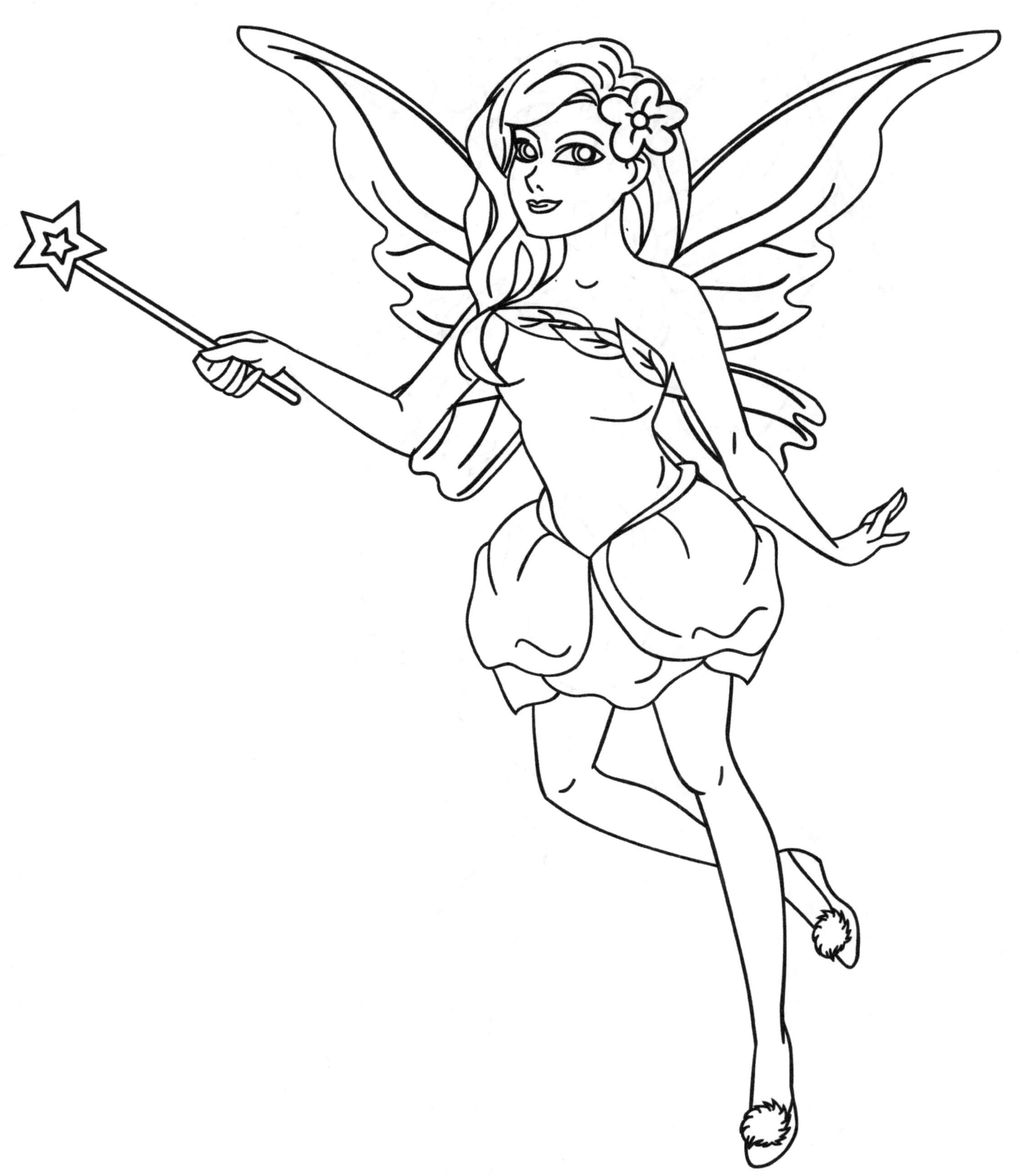

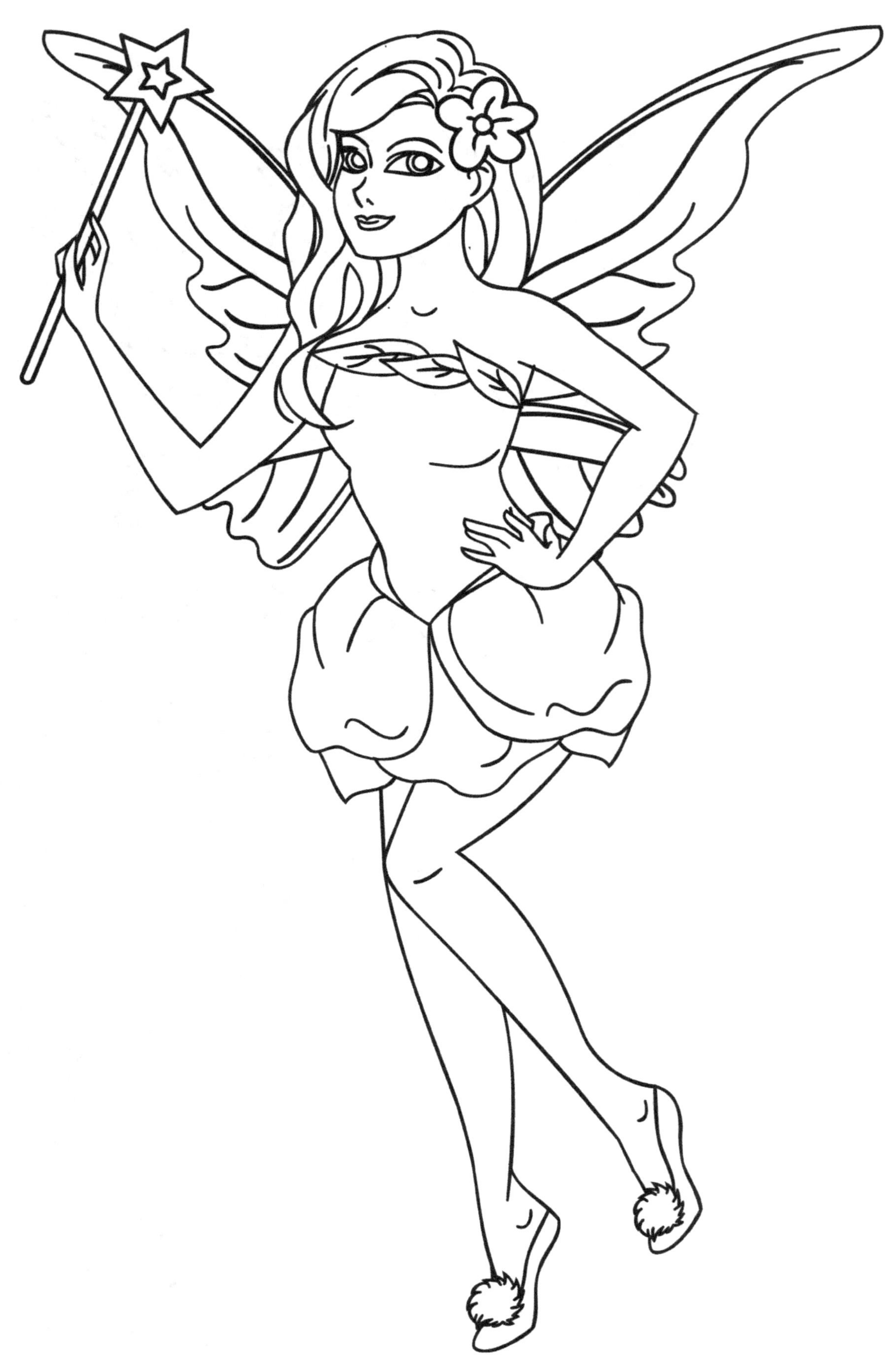

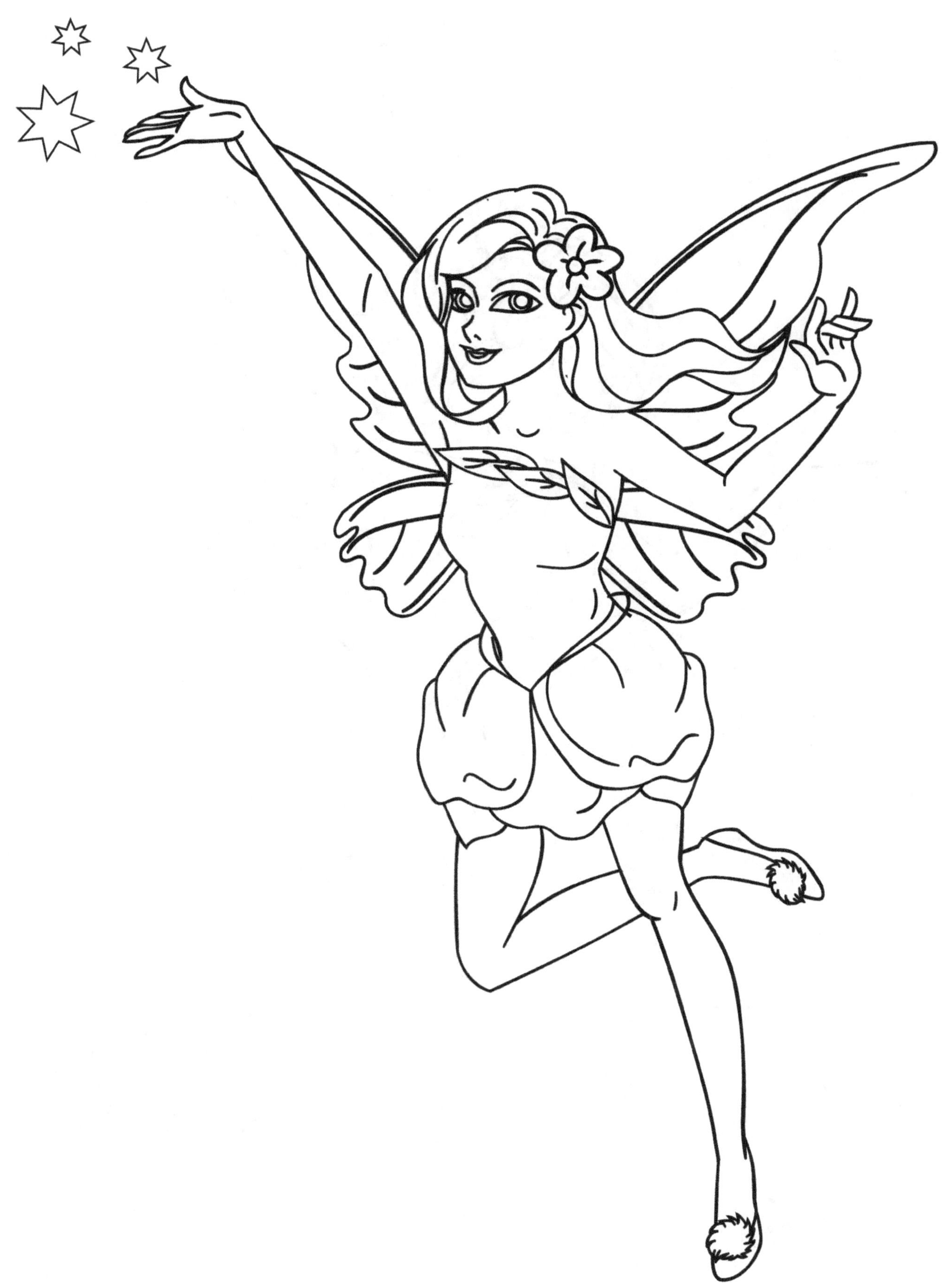

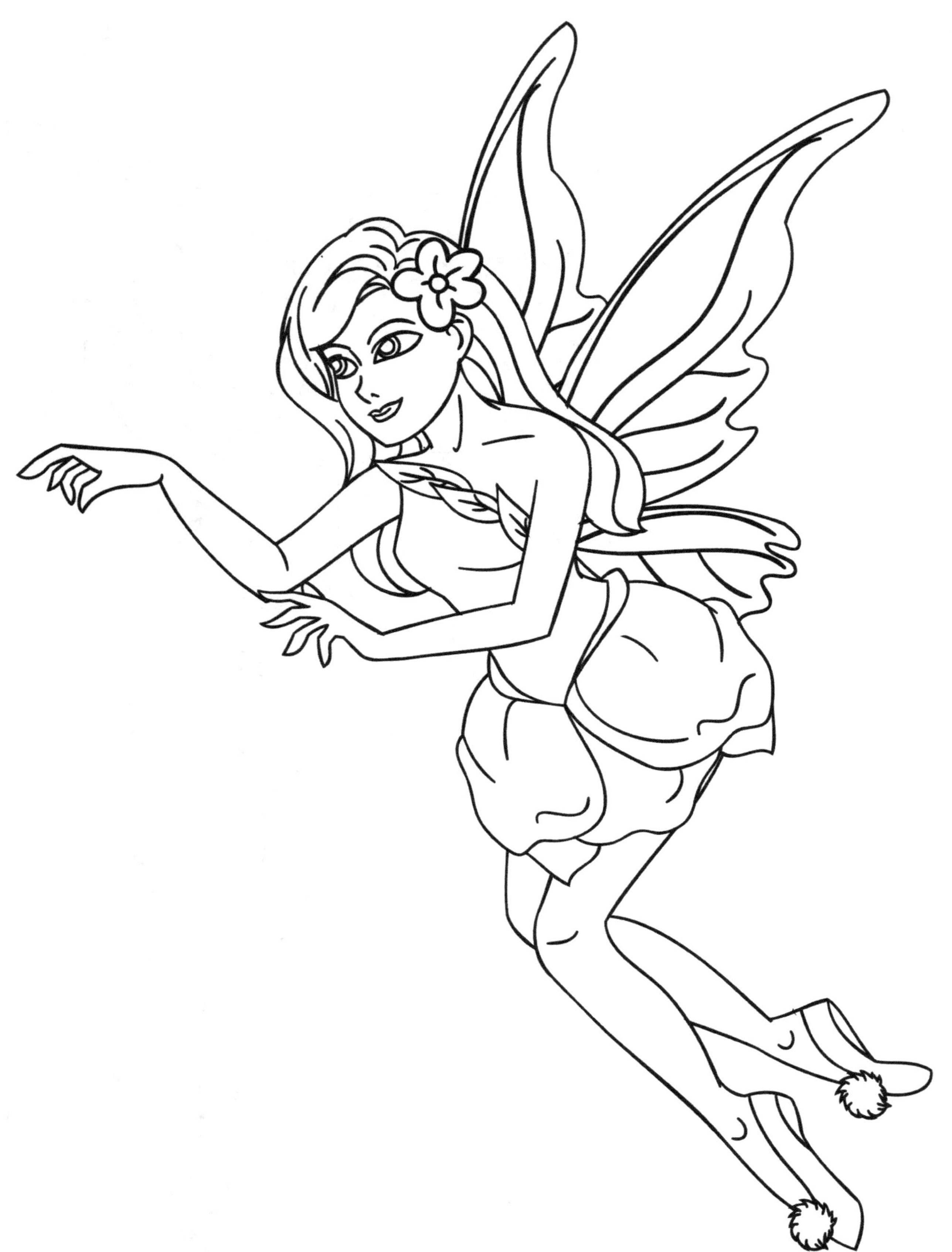

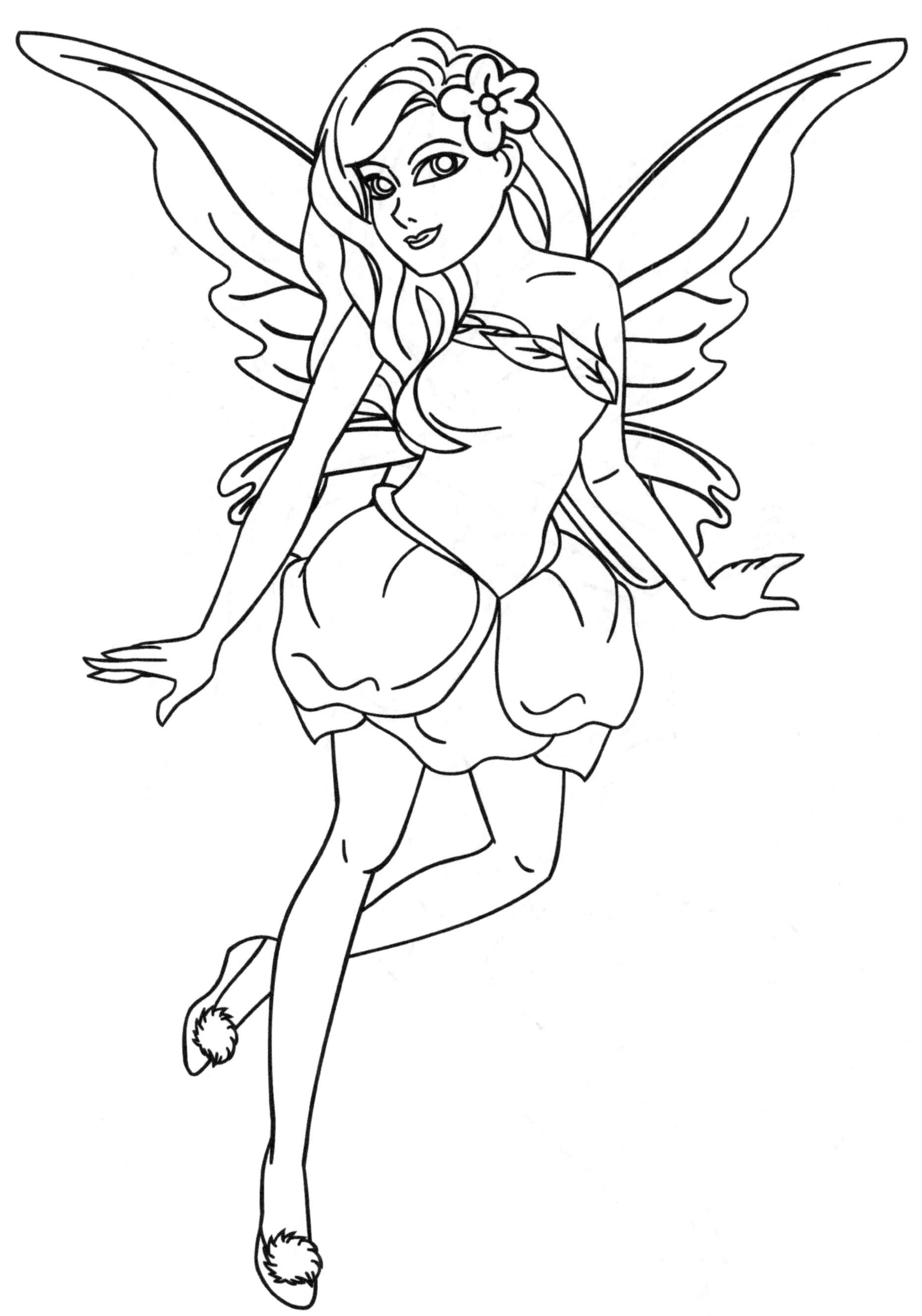

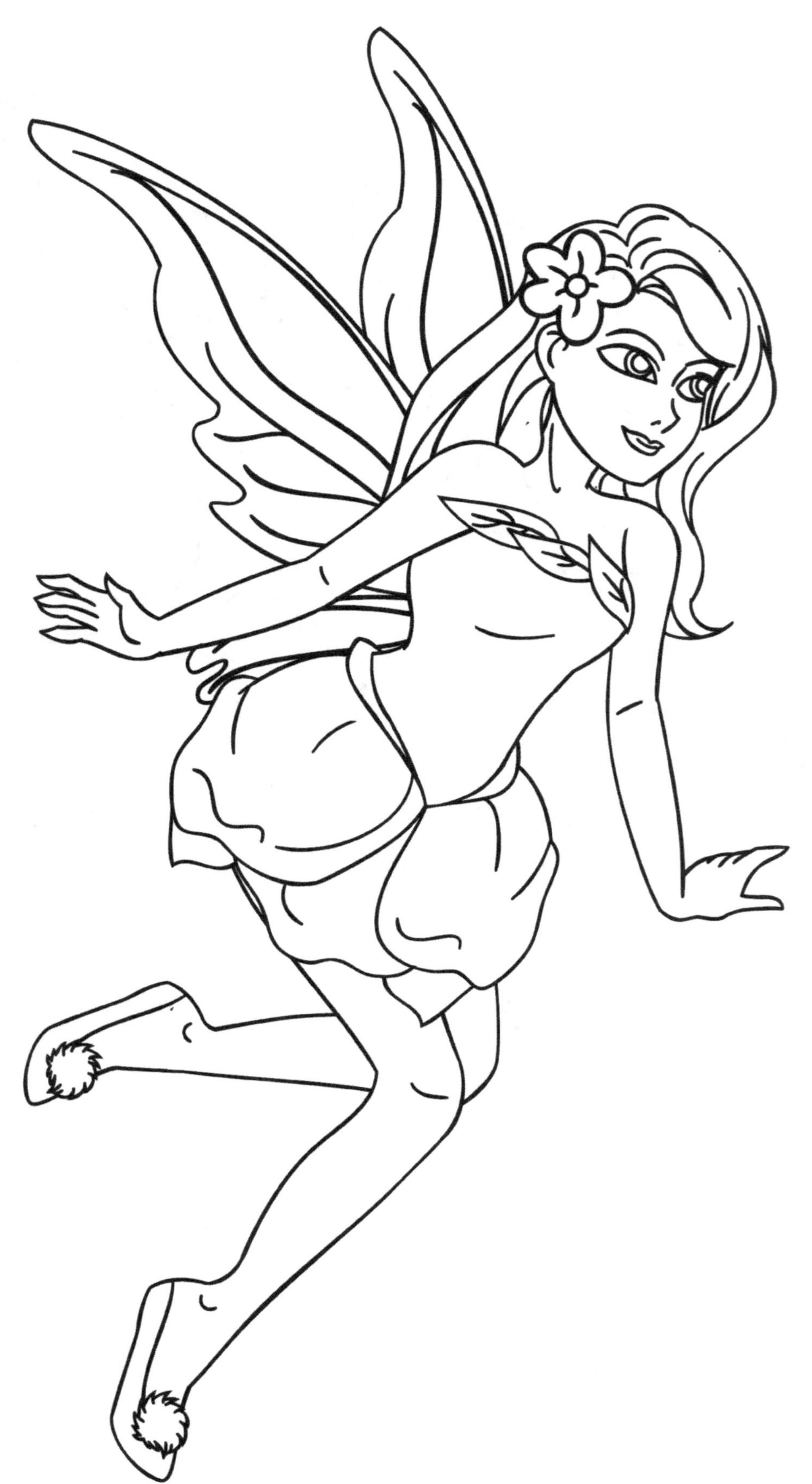

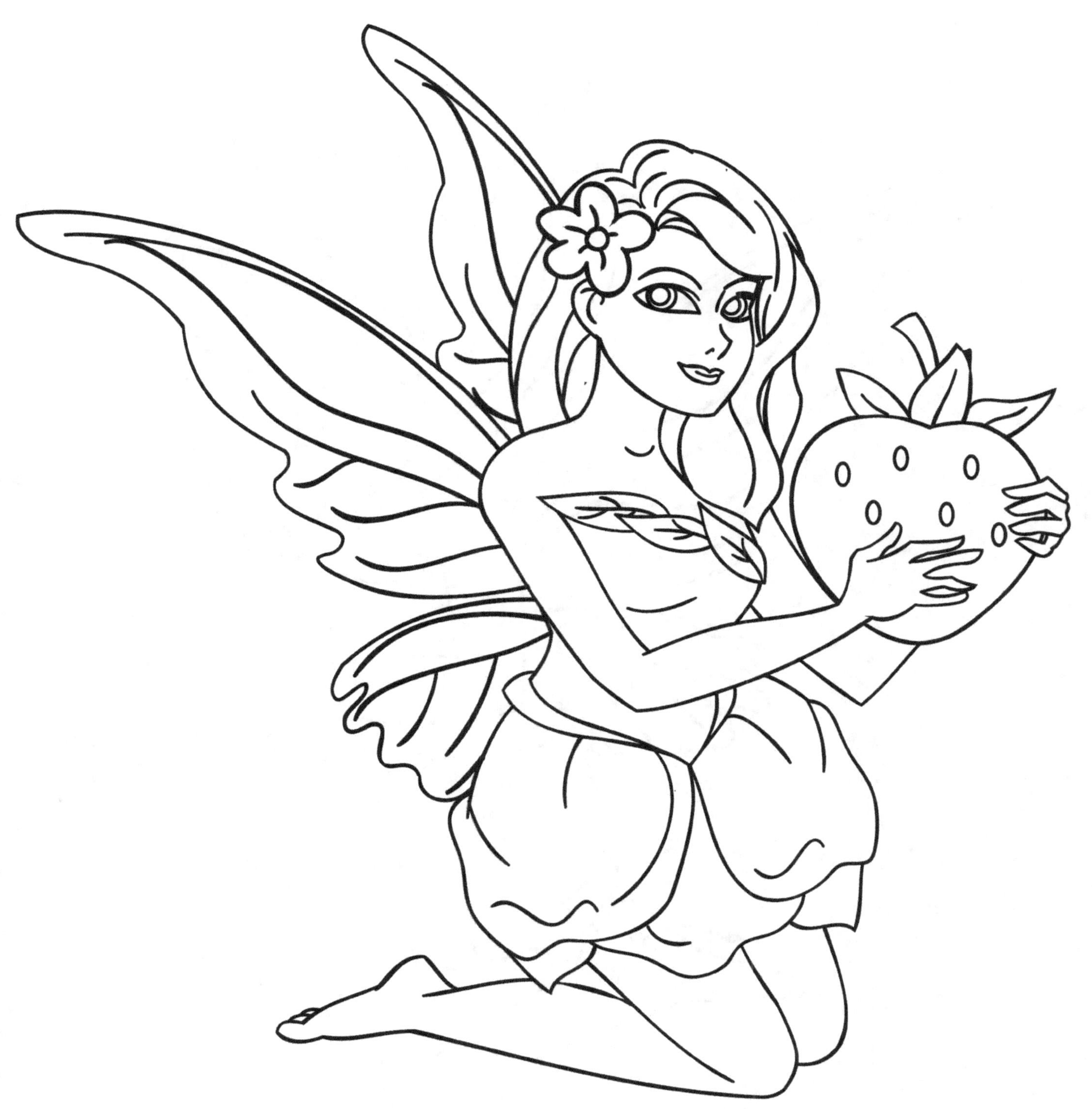

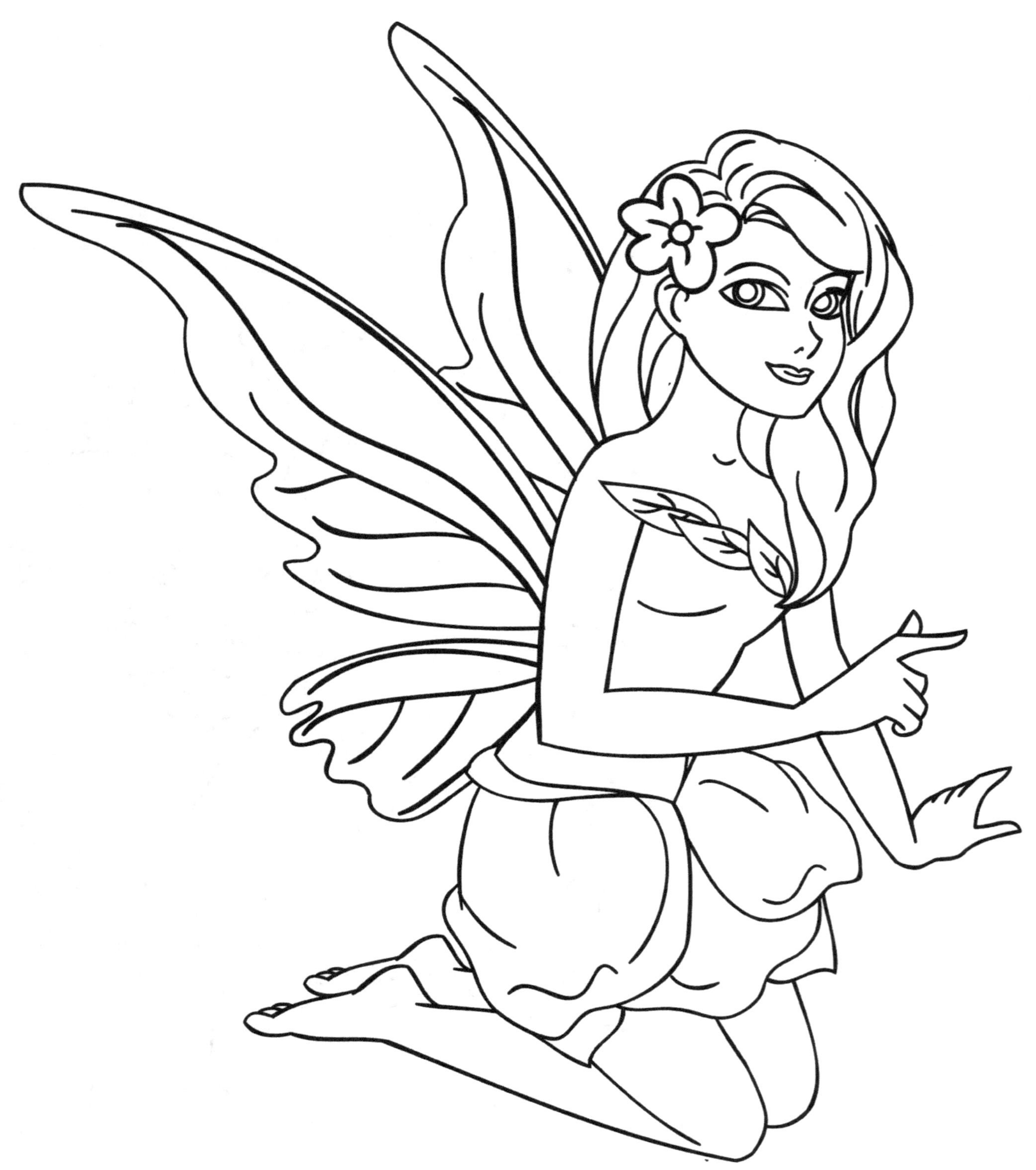

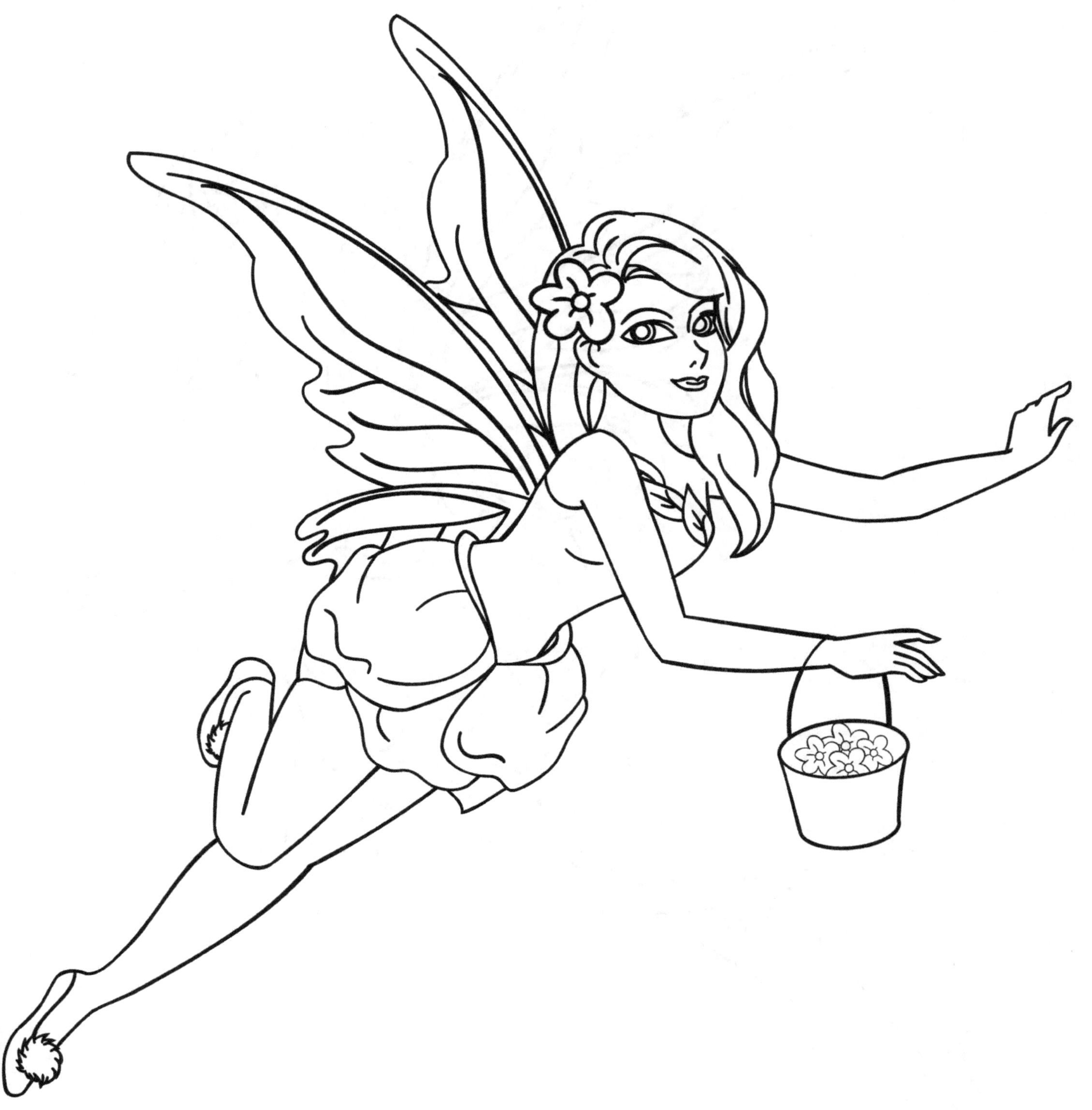

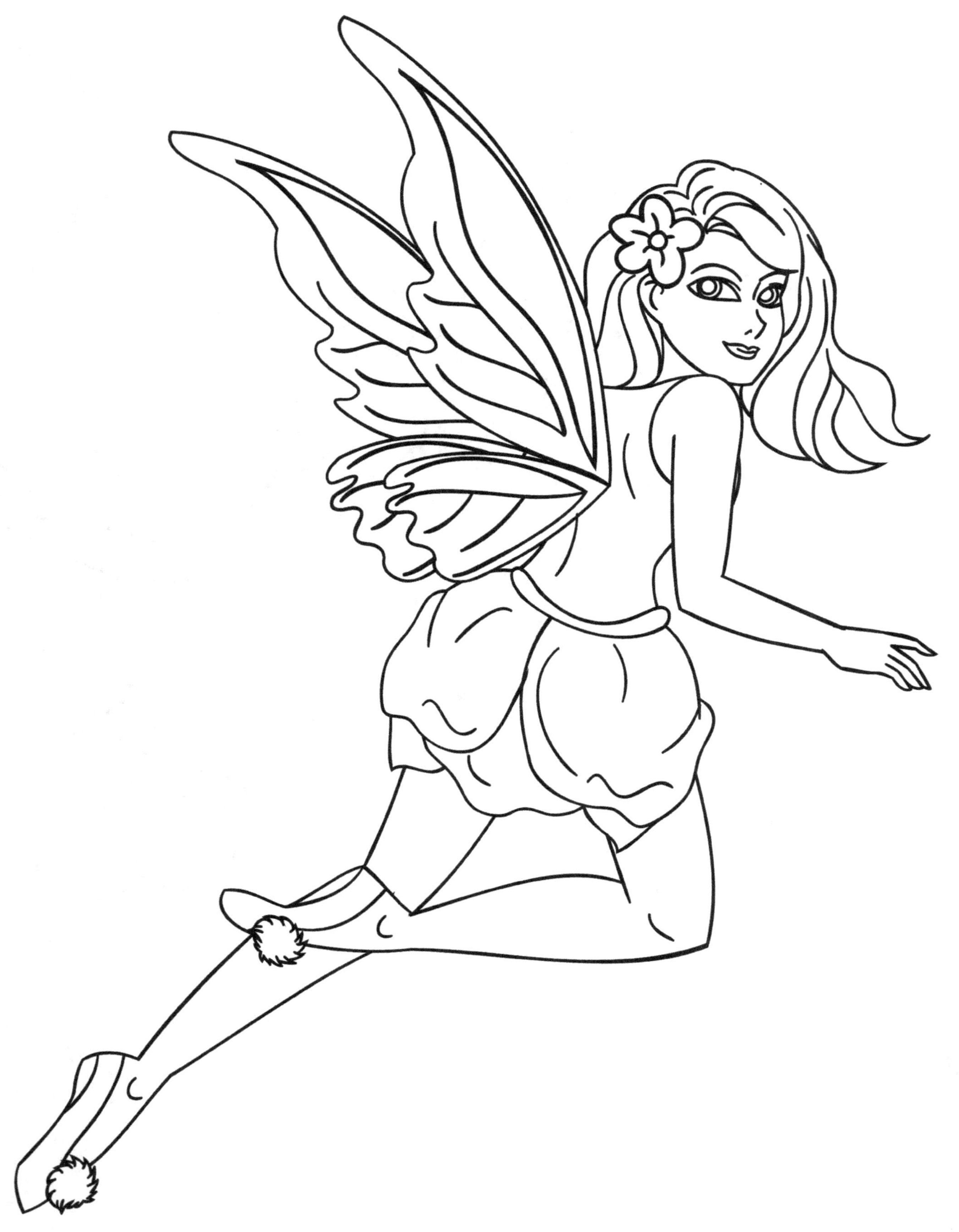